Kunterbunte Schminkgesichter

für Mädchen & Jungen

Janja Großmann, René Reiche, Bettina Wilberg

christophorus

INHALT

FANTASIEVOLL SCHMINKEN

Mit Schminkfarben und etwas Glimmer verwandeln sich Kinder ganz schnell in einen frechen Dalmatiner oder in einen kleinen Eisbär, in eine wunderschöne Prinzessin oder in ein Dschungel-Kind. Manche mögen es so richtig gruselig als Vampir, Teufel oder Terminator. Aber auch Blumenranken- oder Regenbogen-Masken faszinieren Groß und Klein: genau das Richtige für Kindergeburtstage oder Karneval.

Auf den Seiten 6 und 7 finden Sie grundlegende Informationen zum Material und zur Technik sowie viele interessante Tipps. Bei den einzelnen Motiven helfen detaillierte Beschreibungen und Arbeitsfotos, um die Masken leicht und schnell nachzuschminken. Selbstverständlich können Sie auch der eigenen Fantasie freien Lauf lassen.

Farben, Glimmer und Zubehör sind in vielen Hobby- oder Theaterschmink-Fachgeschäften erhältlich. Sollten Sie Fragen haben oder etwas nicht bekommen, so helfen Ihnen gern die Autoren und ihr Team. An dieser Stelle noch ein Dank an alle Models.

Viel Erfolg und Freude beim Nachschminken wünschen Ihnen

Tanja Großmann

Bettina Willberg

Schminktopf
Tullastr. 38
79108 Freiburg
Tel: 0761/500433
Fax: 0761/500446
www.schminktopf.de

Water-Make-up und Glimmer

Hochpigmentierte Theaterschminke auf Wasserbasis aus dem Fachhandel ist dermatologisch getestet und völlig hautverträglich, ist also auch für Allergiker (z. B. bei Neurodermitis) geeignet. Nach dem Trocknen ist die Farbe berührungsfest. Schweiß einfach wieder trocknen lassen und während dieser Zeit nicht anfassen. Regentropfen oder Tränen mit einem Kosmetiktuch aufsaugen. Water-Make-up ist leicht mit Wasser und Seife abzuwaschen. Flecken in der Kleidung erst mit Kernseife vorbehandeln. Die Farben können untereinander gemischt werden.
Polyester-Glimmer ist frei von Glas- oder Metallpartikeln und somit auch ungefährlich bei Kontakt mit Auge oder Mund. Glimmer mit feuchten Pinselhaaren auf Linien tupfen. Glanzpuder für den feinen Glanz mit einem Rougepinsel auftragen.

Hautwachs und Latex-Nasen

Mit dem hautfarbenen, leicht transparenten Hautwachs (Dermawachs) werden flache Wunden hergestellt. Das Wachs kann mit Water-Make-up überschminkt werden.
Latex-Nasen gibt es im Fachhandel fertig zu kaufen. Eventuell die Nasen vor dem Gebrauch einfärben. Etwas Watte in die Spitze geben (damit das kondensierte Wasser vom Ausatmen nicht zum Mund hinunter rinnt). Wasserlöslichen Hautkleber (z. B. Mastix) nur am abgeflachten Rand auftragen. Die Nase kurz andrücken, wieder abziehen, dann festdrücken und trocknen lassen. Zum Entfernen etwas Watte mit Wasser tränken und damit die Nase ablösen. Nach dem Gebrauch das Latex unbedingt reinigen, einpudern und vor Sonnenlicht und Mineralfetten schützen.

Schwämme und Pinsel

Fein- bis mittelporige Schaumstoffschwämme eignen sich für die Grundierung am besten. Den Schwamm evtl. teilen. Er sollte so groß sein, dass die Finger nicht in die Schminke fassen.
Runde Rotmarder- und Toraypinsel (Nr. 4 und 6), deren Haare in der Mitte länger sind als außen, ermöglichen sehr schwungvolle Linien. Mit flachen Toraypinseln flächige Blumen tupfen.

Grundausstattung

Folgende Dinge gehören zur Grundausstattung und werden beim Material nicht mehr erwähnt.

- Make-up-Schwämmchen
- Runde Pinsel Nr. 2, 4 und 6
- Rougepinsel für Glanzpuder
- Feucht- und Kosmetiktücher zum Säubern und Korrigieren
- Wattestäbchen zum Entfernen von Make-up
- Viskose-Haushaltsschwamm zum Abstreifen des Pinsels und zu nasser Schwämme
- Warmes, sauberes Wasser
- Spiegel
- Bei sehr trockener Haut Feuchtigkeitscreme
- Modellierspatel o. Ä. für das Hautwachs

Mit dem Schwamm grundieren

Ein paar Tropfen Wasser auf das Make-up geben und die Oberfläche mit der Schwammkante trocken wischen. Mit dieser Konsistenz können mit dem Schwamm sowohl harte Konturen als auch weiche Schattierungen erstellt werden. Dazu den Schwamm zwischen Daumen und Zeigefinger halten und die Farbe ohne Druck auftragen.

Ist die Farbe zu nass, den Schwamm über einem separaten Haushaltsschwamm abstreifen und erneut über die Grundierung wischen. Für jede Farbe einen separaten Schwamm verwenden. Nach dem Schminken die Schwämme mit Wasser und Seife und evtl. einer desinfizierenden Waschlotion reinigen.

Mit dem Pinsel arbeiten

Für fließende, schwungvolle Linien und Ornamente viel Wasser in das Make-up geben, den Pinsel hin- und herdrehen, nach außen über die Make-up-Oberfläche ziehen und zwischen Daumen, Zeige- und Mittelfinger nehmen. Einen geeigneten Stützpunkt suchen, um im rechten Winkel zur Haut malen zu können. Mit der anderen Hand Kontakt zum Model halten, um etwaige Bewegungen abzufangen.

Bei jedem Farbwechsel den Pinsel auswaschen und flach über einem feuchten Haushaltsschwamm abwischen.

Tipps & Tricks

- Um sicherer zu werden, am besten auf dem eigenen Unterarm üben.
- Kleine Tropfen mit einem spitz zulaufenden Pinsel arbeiten: Den Pinsel senkrecht zur Haut ansetzen und so nach außen herunterdrücken, dass sich die Pinselhaare biegen. Fünf Tropfen ergeben eine Blüte. Auch Blutstropfen werden so gemalt.

- Einzelne Punkte mit dem Pinselstiel auftupfen. Dazu den Pinselstiel in etwas flüssige Farbe tauchen. Je nach Druck fallen die Punkte größer oder kleiner aus.
- Für Schnörkel und Konturen den Pinsel gut einfärben, dann einmal sicher aufsetzen und die Schnörkel im leichten Bogen bis in die Spitze auslaufen lassen.
- Um unter den Augen schattieren zu können, muss das Model nach oben schauen, ohne dass es den Kopf hebt.

MATERIAL

Farben

- *Weiß*
- *Grau*
- *Schwarz*
- *Hologrammglimmer*

DALMATINER

1 Mit dem Schwamm die Hundeschnauze, das rechte Auge, die Nase und das linke Ohr weiß grundieren. Mit einem weiteren Schwamm großzügig die weiße Schnauze grau umrahmen. Mit Schwarz das linke Auge und das rechte Ohr hervorheben.

2 Mit dem Pinsel das Gesicht und die weiße Schnauze schwarz umranden. Die Nase und den Mund in Schwarz malen. Unterschiedlich große schwarze Punkte hinzufügen. Auf die schwarzen Linien und Punkte Glimmer auftragen.

MATERIAL

Farben

- *Weiß*
- *Beige*
- *Rotbraun*
- *Schwarz*

Zusätzlich

- *Latexnase Mäuseschnauze*
- *Hautkleber*

HAMSTER

1 Die Augenlider und Augenbrauen weiß betonen, die Ohren und das Gesicht beigefarben grundieren. Mit der Schwammkante rotbraune Fellsträhnen und Vertiefungen in die Ohren setzen.

2 Mit dem Pinsel weiße Lichter ins Fell streichen. Die Augenbrauen ziehen und Ohren und Stirn schwarz umranden. Das Latexteil beigefarben grundieren, die Zähne weiß anmalen und die Nase schwärzen. Die Nase ankleben (siehe Seite 6). Nach dem Trocknen mit dem Schwamm rotbraune Schatten setzen.

Variante ohne Latexnase (siehe 2. Schritt-Foto)

Die Partie zwischen Nase und Mund mit dem Schwamm weiß aufhellen und die Zähne auftupfen. Mit dem Pinsel weiße Lichter ins Fell streichen und um die Nase herum die weiße Fläche ausfransen. Die Augenbrauen ziehen, die Nase rund betonen, Zähne, Ohren und das Fell umranden und die Schnurrhaare setzen.

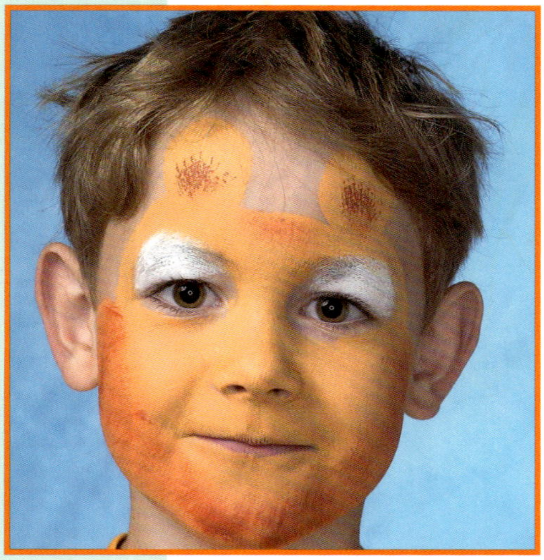

MATERIAL

Farben

- *Weiß*
- *Grau*
- *Blau*
- *Schwarz*
- *Rot*
- *Glimmer in Rot*
- *Glimmer in Blau*

BLAUER BÄR

1 Die Mund- und Augenpartie mit einem Schwämmchen weiß hervorheben. Mit dem grauen Schwamm die Ohren und die übrigen Konturen aufbringen und mit einem weiteren Schwämmchen blaue Akzente auftupfen.

2 Mit dem schwarzen Pinsel Nase, Mund, Augenbrauen und Konturen umranden. Weiße Lichter setzen und die Lippen rot bemalen. Roten Glimmer auf den Mund und blauen Glimmer mit dem Pinsel auf den schwarzen Linien auftragen.

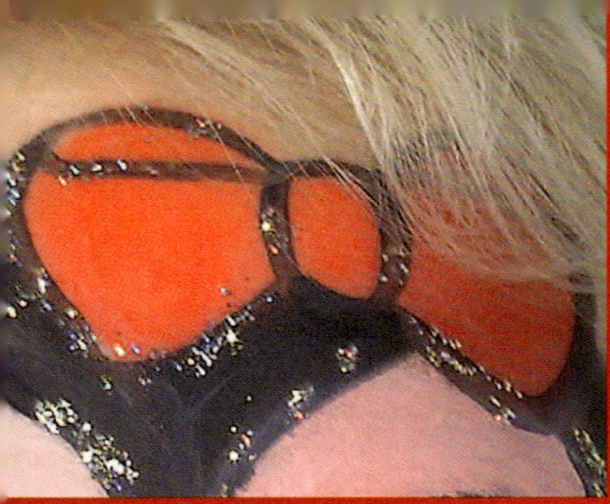

MATERIAL

Farben

- *Weiß*
- *Rosa*
- *Rot*
- *Schwarz*
- *Glimmer*

Zusätzlich

- *evtl. Latexnase Clown*
- *Hautkleber*

SMILLIMAUS

1 Die Augen, die Zähne und den Oberlippenbereich mit der Schwammkante weiß andeuten. Die Stirn, Schläfen, Wangen und das Kinn rosafarben grundieren und die Schleife mit einem Schwamm in Rot auftupfen. Vorsichtig das Schwarz um die Schleife und die rosafarbene Grundierung herum auftragen.

2 Mit dem Pinsel an die weiße Fläche zwischen Nase und Mund Fellsträhnchen malen. Die Konturen für das Gesicht, die Schleife und die Zähnchen mit Schwarz setzen. Die Augenbrauen ziehen, Schnurrhaare, Wimpern und die geteilte Oberlippe einzeichnen, die Nase rund betonen und viel Glimmer auflegen.

Variante mit Latexnase *(siehe 2. Schritt-Foto)*

Die Latexnase schwarz grundieren, Hautkleber auftragen, die Nase auf die Haut drücken, wieder abziehen und erneut andrücken.

MATERIAL

Farben

- *Weiß*
- *Grau*
- *Pink*
- *Hellblau*
- *Orange*
- *Glimmer*

BLUMENKATZE

1 Zuerst Weiß mit einem Schwämmchen um Nase, Mund und Augen auftragen, dann das Gesicht mit dem Schwamm grau umrahmen und die Ohren anlegen. Zuletzt wahlweise mit einem Schwamm oder auch mit einem Pinsel das Ohreninnere in Pink ausmalen.

2 Die Bäckchen und das Kinn mit dem Pinsel weiß ausfransen. Ein paar weiße Striche unterhalb der Augen seitlich des Gesichts und einen Akzent in die Ohren setzen. Die Blumen in verschiedenen Farben mit einem dicken runden Pinsel (Nr. 6) tupfen. In die Mitte der Blumen je einen andersfarbigen Punkt setzen.

3 Mit Schwarz und einem dünnen Pinsel ein dreieckiges Näschen, die Schnurrhaare, Punkte und Umrandungen malen. Mit Glimmer die schwarzen Linien betonen.

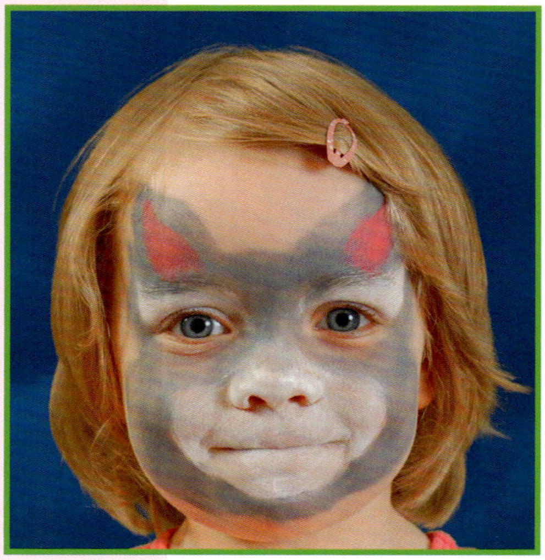

MATERIAL

Farben

- *Weiß*
- *Schwarz*
- *Pink*
- *Glanzpuder in Silber*
- *Hologrammglimmer*

KLEINER EISBÄR

1 Das Gesicht mit dem Schwamm weiß grundieren und die Ohren auf der Stirn als Halbkreis andeuten. Glanzpuder in Silber mit dem Rougepinsel auf die weiße Fläche auftragen.

2 Das Gesicht und die Innenohren mit dem Pinsel schwarz umranden, dabei einige Zacken mit einarbeiten. Die Augenbrauen einzeichnen und unter den Augen ein paar Striche hinzufügen. Nase und Schnäuzchen malen. Das Ohreninnere pinkfarben hervorheben. Die schwarzen Linien mit Glimmer versehen.

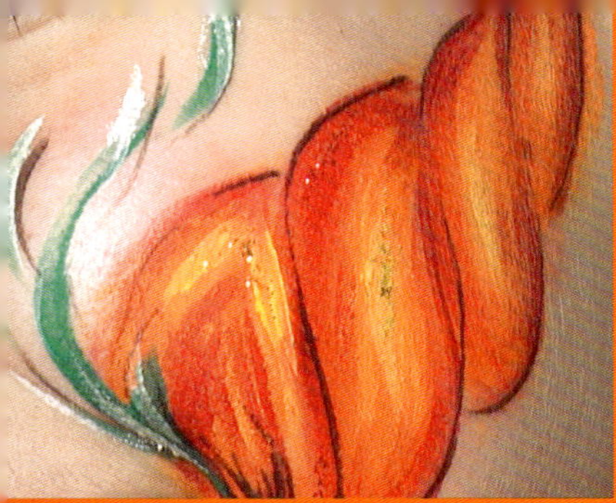

MATERIAL

Farben

- *Orange*
- *Rot*
- *Dunkelrot*
- *Grün*
- *Weiß*
- *Gelb*
- *Schwarz*

SEEPFERDCHEN

1 Das Seepferdchen und die Wasserschnecke mit einem kleinen Schwämmchen in Orange grundieren und etwas mit Rot schattieren, damit die Figuren plastischer wirken.

2 Die Schattierungen mit einem Pinsel in Dunkelrot verstärken und das Seepferdchen und die Wasserschnecke umranden. Ein paar grüne Algen aus der Wasserschnecke wachsen lassen.

3 Mit dem Pinsel in Weiß und Gelb Akzente setzen. Weiße Luftblasen hinzufügen. Das Auge schwarz umranden. Beim Seepferdchen, den Algen und den Luftblasen einige schwarze Konturen malen.

MATERIAL

Farben

- Weiß
- Beige
- Rotbraun
- Rot
- Dunkelbraun
- Schwarz
- Glimmer in Gold

GEFÄHRLICHER GEPARD

1 Mund- und Kinnpartie mit dem Schwamm weiß hervorheben und die Augenform andeuten. Mit separaten Schwämmen Fell und Ohren beigefarben und rotbraun grundieren.

2 Unterschiedlich lange weiße Schnurrhaare mit dem Pinsel aufmalen. Die dunkelbraunen Flecken mit dem Pinsel halbkreisförmig tupfen und die Unterlippe rot anmalen.

3 Mit schwarzer Farbe auf dem Pinsel die Nasenlöcher vergrößern, die Oberlippe teilen und die Stoppelpunkte malen. Kontur, Augenweiß, Schnurrhaare und Maul umranden. Linien und Flecken mit goldenem Glimmer betonen.

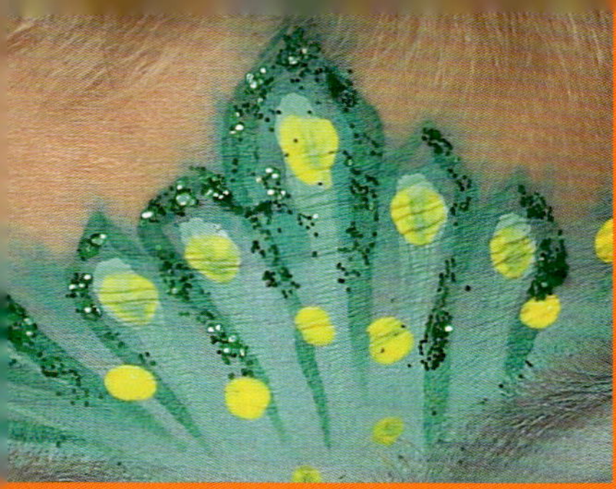

MATERIAL

Farben

- *Gelb*
- *Pastellgrün*
- *Türkisgrün*
- *Dunkelgrün*
- *Schwarz*
- *Glimmer in Grün*

GRÜNER VOGEL

1 Die Nase kräftig in Gelb grundieren. Die Augenpartie leicht mit Pastellgrün einfärben. Die türkisgrünen Federn mit der Schwammkante so fein wie möglich in die pastellgrüne Fläche hineinstreichen.

2 Mit einem runden Pinsel gelbe Tropfen in die Federenden tupfen und mit dem Pinselstiel gelbe Punkte setzen (siehe Seite 7). Die Federn und den Schnabel dunkelgrün umranden und die Nasenlöcher schwarz auftupfen. Grünen Glimmer auf die dunkelgrünen Linien auftragen.

MATERIAL

Farben

- *Gelb*
- *Orange*
- *Rot*
- *Pink*
- *Lila*
- *Mittelblau*
- *Hellblau*
- *Weiß*
- *Schwarz*
- *Glanzpuder in Silber*
- *Glimmer in Rosa*

PRINZESSIN

1 Die Schmetterlingsform in den Regenbogenfarben mit dem Schwamm grundieren. Oben mit Gelb beginnen, dann Orange, Rot, Pink, Lila, Mittel- und zum Schluss Hellblau hinzufügen, dabei den Schnörkelverlauf mit ausschattieren.

2 Silbernen Glanzpuder mit dem Rougepinsel auftragen. Die Krone mit dem Pinsel in Gelb malen. Weiße Schnörkel, Tropfen und Punkte arbeiten.

3 Auf jede Wange ein rotes Herz malen und die Lippen rot schminken. Mit Schwarz die Herzen und die Krone umranden und Akzente in die Schnörkel setzen. Glimmer auf den schwarzen Linien und auf den Lippen hinzufügen.

MATERIAL

Farben

- *Weiß*
- *Pink*
- *Blau*
- *Schwarz*
- *Glanzpuder in Silber*
- *Glimmer in Rosa*

PEGASUS

1 Mit dem Schwamm die Form für Flügel, Kopf und Körper des Pegasus weiß grundieren. Über dem rechten Auge den Lidschatten und die Schnörkel weiß anlegen. Alles mit Pink akzentuieren. Glanzpuder auftragen.

2 Mit dem Pinsel und weißer Farbe die Ohren einzeichnen, die richtige Form des Kopfes festlegen und die Federn in den Flügeln malen. Die Schnörkel und Punkte hinzufügen. Das Auge mit dem Pinsel als Dreieck in Blau anlegen.

3 Mit dem feinen, schwarzen Pinsel die Federspitzen umranden, in die Schnörkel Akzente setzen und den Kopf, Mähne und Hals malen. Das Auge mit Wimpern und einem winzigen weißen Punkt versehen. Die Lippen pink einfärben. Die schwarzen Linien und den Mund mit Glimmer versehen.

MATERIAL

Farben

- *Weiß*
- *Helles Türkis*
- *Pink*
- *Schwarz*
- *Glimmer*

PINKE PÜNKTCHEN

1 Die Augen mit dem Schwämmchen weiß grundieren. Mit hellem Türkis den Rest des Gesichtes einfärben und dabei die Gesichtsform und die Antennen festlegen.

2 Die unterschiedlich großen Punkte in einem grellen Pink mit dem Pinsel malen. Die Wangenpunkte, die Augen und das Gesicht mit einem feinen Pinsel schwarz umranden. Den Mund schwarz anmalen.

3 Mit Weiß Lichtpunkte auf die Wangen setzen. Einige Konturen mit Glimmer betonen.

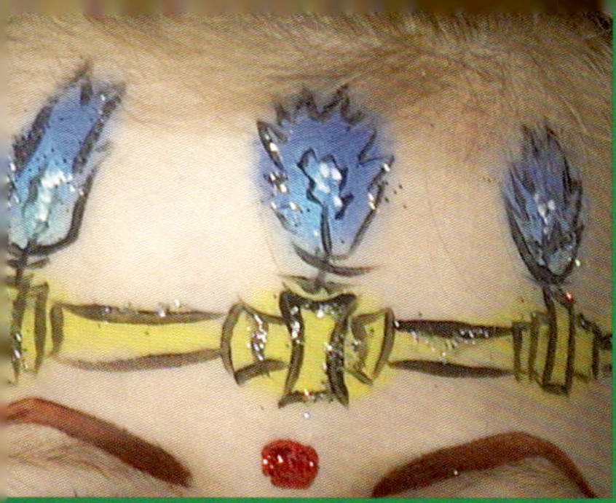

MATERIAL

Farben

- *Gelb*
- *Mittelblau*
- *Hellblau*
- *Dunkelbraun*
- *Rot*
- *Grün*
- *Schwarz*
- *Glimmer in Rot*
- *Glimmer in Gold mit Hologrammeffekt*

DSCHUNGEL-KINDER

Dschungel-Mädchen

1 Auf der Stirn den Bambusreif gelb grundieren. Mit Mittelblau Ovale tupfen und hellblaue Lichter setzen.

2 Dunkelbraune Augenbrauen ziehen, die Lippen rot anmalen, den roten Punkt setzen und den Bambusreif samt Federn schwarz umranden. Roten Glimmer auf die Lippen und den roten Punkt geben, auf die Umrandungen etwas Glimmer in Gold.

Dschungel-Junge

1 Jeweils mit einem Schwamm das rote Band, die grünen Bananenblätter und die dunkelbraunen Haare auftragen.

2 Mit Schwarz und Glimmer in Gold mit dem Pinsel die Konturen setzen. Dunkelbraune Augenbrauen aufmalen.

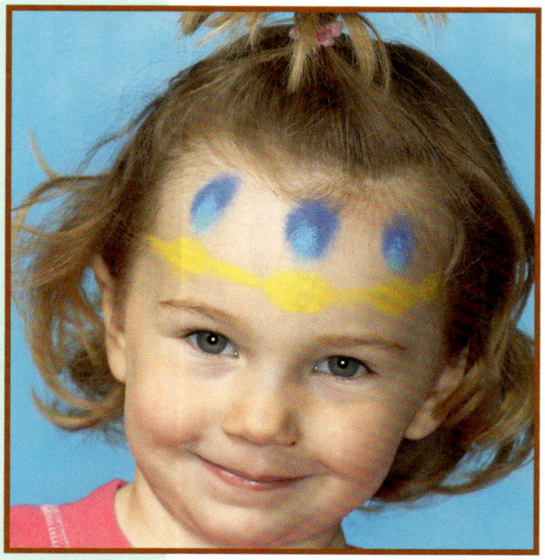

MATERIAL

Farben

- Gelb
- Pink
- Schwarz
- Glimmer in Blau oder Gold

KATZE IN PINK

1 Um die Augen, Mund und Nase Gelb mit einem Schwämmchen auftragen. Mit der Schwammkante gezielt das Pink einzeichnen.

2 Die Umrandungen mit schwarzem Water-Make-up ausführen und nach Belieben mit blauem oder goldenem Glimmer betonen. Mit dem Pinselstiel gelbe Punkte setzen.

TIPP

Mit einem ausgewaschenen feuchten Pinsel kann bereits getrocknetes Make-up ineinander schattiert werden.

MATERIAL

Farben

- *Hellblau*
- *Pink*
- *Goldgelb*
- *Weiß*
- *Dunkelrot*
- *Perlglanz*

MOND-FEE

1 Auge und Schläfe mit dem Schwämmchen hellblau grundieren. Mit Pink die Mondform festlegen und mit Hellblau schattieren.

2 Die Konturen mit einem fast trockenem Schwamm in Schwarz nachziehen und nach innen schattieren. Den Mond mit etwas Perlglanz überziehen. Mit einem Pinsel eine goldgelbe Spirale auf die Wange malen und diese, solange sie noch nass ist, mit einem Schwämmchen vorsichtig nach außen verwischen!

3 Mit einem feinen Pinsel kleine weiße Strichsterne und Punkte malen. Die Lippen dunkelrot anmalen. Mit einem feinen Pinsel das Auge und den Mond schwarz umranden.

MATERIAL

Farben

- *Gelb*
- *Orange*
- *Rot*
- *Lila*
- *Hellblau*
- *Mittelblau*
- *Weiß*
- *Hologrammglimmer in Gold*
- *Glanzpuder in Silber*

REGENBOGEN-CLOWN

1 Über der rechten Augenbraue den Regenbogen auftragen, dabei pro Farbe einen Schwamm verwenden. Mit einem gelben Streifen beginnen, dann mit Orange, Rot, Lila und Hellblau den Regenbogen fertigstellen. Mit Weiß den Clownsmund grundieren und unter dem linken Auge das Regenwasser weiß andeuten.

2 Mit dem Pinsel unter dem rechten und über dem linken Auge je einen Streifen in Mittelblau setzen und das Blau vom Regenbogen in die Wassertropfen übergehen lassen. Die Nase, den Mund und die Punkte am Ende der blauen Striche mit Rot arbeiten. Mit Gelb die Sonne malen. Auf das Rot und die Sonnen goldenen Hologrammglimmer setzen und mit silbernem Glanzpuder den Regenbogen verfeinern.

MATERIAL

Farben

- Beige
- Bordeauxrot
- Gelb
- Schwarz
- Glimmer in Perlmutt
- Glimmer in Rot

BLUMENRANKE

1 Mit dem Schwamm Wangenknochen, Schläfe und Stirn beigefarben grundieren. Mit Bordeauxrot von außen zum Auge hin schattieren. Auf das Beige Perlmuttglimmer mit dem feuchten Pinsel auftragen.

2 Die gelben Linien vom Augenwinkel zur Stirn und vom Augenwinkel zur Wange mit dem Pinsel malen. Die Blütenblätter tropfenförmig tupfen. Die Lippen bordeauxrot bemalen, die restlichen Blüten tupfen (siehe Foto Seite 7) und Kelche in die gelben Blumen punkten.

3 Die Schatten der Linien mit einem Pinsel schwarz andeuten und die Blumen umranden. Mit rotem Glimmer veredeln.

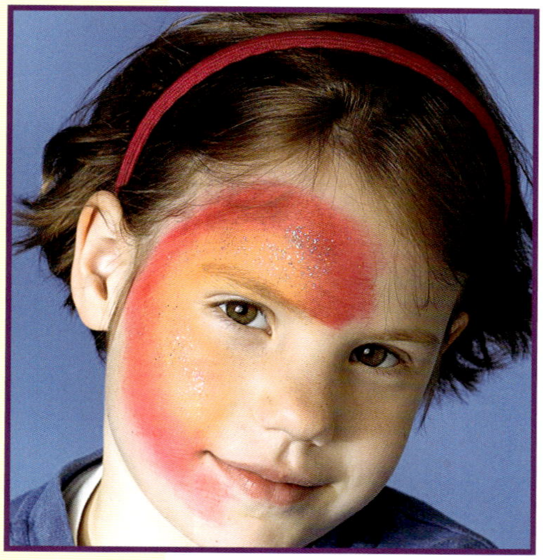

MATERIAL

Farben

- *Helles Türkis*
- *Dunkelgrün*
- *Glanzstaub in Silber*
- *Schwarz*
- *Weiß*
- *Glimmer in Grün*
- *Glimmer in Perlmutt*

DISCO-QUEEN

1 Stirn, Schläfe und Wangenknochen mit dem Schwamm in hellem Türkis grundieren und außen in dunkles Grün übergehen lassen. Den linken Wangenknochen ebenfalls in Türkis und Dunkelgrün schattieren. Silbernen Glanzstaub mit einem Rougepinsel auftragen.

2 Die schwarzen Schnörkel mit dem Pinsel jeweils vom Augenwinkel aus nach oben und unten malen. Schwarze Sterne zeichnen und weiße Tropfen tupfen. Weiße Lichter setzen und die Lippen in den Grundfarben anmalen. Die schwarzen Linien mit grünem Glimmer, weiße Stellen mit Perlmuttglimmer betonen.

MATERIAL

Farben

- Mittelblau
- Türkis
- Weiß
- Pink
- Dunkelblau
- Glanzpuder in Silber
- Glimmer in Rosa
- Glimmer in Perlmutt

BLUMEN & BLÄTTER

1 Mit dem mittelblauen Schwamm von der Stirn am Haaransatz entlang bis zur Wange grundieren. Auf der anderen Seite um das Auge herum Mittelblau auftragen. Mit hellem Türkis jeweils den Übergang zur Gesichtsmitte ausschattieren. Silbernen Glanzpuder hinzufügen.

2 Mit dem Pinsel weiße Blätter, Schnörkel und Punkte aufmalen.

3 Tropfenförmige Blumenblätter in Pink rings um einen weißen Punkt malen und die Lippen pink einfärben. Mit Dunkelblau die Blätter umranden und Akzente in die Schnörkelspitzen setzen. Glimmer in Rosa auf Blüten und Lippen, Glimmer in Perlmutt auf die Blätter geben.

MATERIAL

Farben

- Beige
- Bordeauxrot
- Glanzstaub in Gold
- Altrosa
- Gelb
- Glimmer in Rot
- Glimmer in Perlmutt

VENEZIANISCHE MASKE

1 Die bordeauxrote Kontur mit dem Schwamm einzeichnen und beigefarben ausschattieren. Goldenen Glanzstaub mit dem Rougepinsel auftragen. Mit dem Pinsel Schnörkel in Altrosa malen und Tropfen tupfen.

2 Gelbe Tropfen und Punkte (siehe Seite 7) in die Linien geben und die Lippen rot anmalen. Mit rotem Glimmer und Perlmuttglimmer Akzente setzen.

MATERIAL

Farben

- *Pink*
- *Orange*
- *Gelb*
- *Grün*
- *Blau*
- *Lila*
- *Weiß*
- *Schwarz*
- *Glimmer*

REGENBOGEN

1 Mit einem Schwamm in Pink einen senkrechten Streifen auf die Stirn malen. Links und rechts davon Orange auftragen, dann Gelb, Grün, Blau und zum Schluss Lila. Die Farben sollten jeweils fließend ineinander übergehen. Dazu am besten die Farben immer mit dem Schwamm etwas verwischen.

2 Mit dem Pinsel die weißen Streifen und Schnörkel malen. Mit Schwarz Akzente setzen.

3 Den Mund erst orangefarben anmalen, dann mit Lila umranden. Etwas Glimmer auf dem Mund und der Stirn hinzufügen.

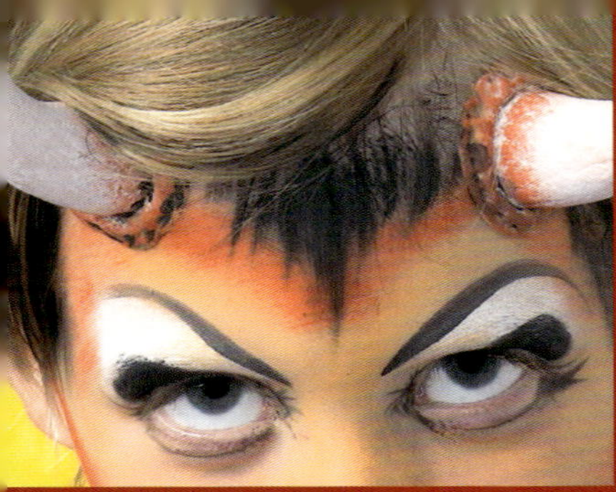

MATERIAL

Farben

- *Weiß*
- *Beige*
- *Rotbraun*
- *Schwarz*

Zusätzlich

- *Hörner*
- *Hautkleber*

TEUFEL

1 Die Brauenbögen mit einem Schwamm weiß andeuten. Das Gesicht beigefarben grundieren und mit Rotbraun Schatten setzen. Damit der Teufel hinterhältig guckt, mit dem Schwamm eine schwarze Linie vom inneren Augenwinkel bis zum höchsten Punkt der Augenbraue ziehen und den Liddeckel schwarz grundieren. Mit der Schwammkante den Haaransatz an den Schläfen und zwischen den noch fehlenden Hörnern schwarz andeuten. Zwischen Kinn und Kieferknochen Schatten setzen.

2 Als Schnauzer zwei schwarze waagerechte Striche zeichnen und nach unten ausfransen. Den Kinnbart malen, Strähnen in den Haaransatz setzen, die Augenhöhlen sauber umranden und Falten einzeichnen. Die Augenbrauen aufmalen. Die Hörner weiß einfärben, an den Ansätzen rotbraun schattieren, trocknen lassen und mit Hautkleber so befestigen (siehe Seite 6), dass die Spitzen nach oben außen zeigen. Nach dem Trocknen die Ränder rotbraun betupfen.

MATERIAL

Farben

- *Beige*
- *Schwarz*
- *Blutrot*
- *Weiß*

Zusätzlich

- *Hautwachs*
- *Puder*
- *evtl. Filmblut*

PIRAT

1 Wenig Hautwachs weich kneten und mit einem leicht gefetteten Finger (z. B. mit Reinigungsmilch) auf dem Wangenknochen zur Wunde modellieren (siehe auch Seite 58, Punkt 1).

2 Das Gesicht in Beige grundieren und mit einem Schwamm das schwarze Stirnband auftragen. Den schwarzen Bart mit dem Pinsel malen und das Stirnband umranden. Um die Schürfwunden anzudeuten, erst etwas Schwarz und dann Blutrot mit den Spitzen eines Stoppelschwammes „aufkratzen". Dazu muss die Grundierung trocken sein. Den Totenkopf und die Knochen mit einem Pinsel weiß auftupfen.

3 Die Schnittwunde mit einem leicht gefetteten Modellierspatel einschneiden. Etwas Schwarz und Filmblut oder Blutrot in die Wunde geben. Den Schädel und die Knochen schwarz umranden und die Augen und die Nase auftupfen.

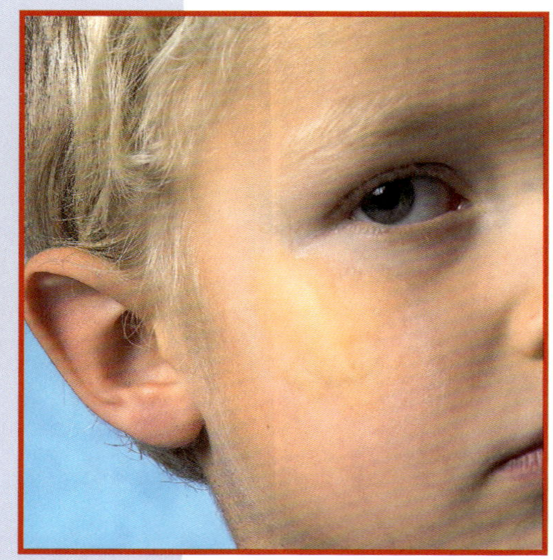

MATERIAL

Farben

- *Grau*
- *Schwarz*
- *Rot*
- *Weiß*
- *Gelb*
- *Glanzpuder in Silber*

TERMINATOR

1 Mit dem Schwamm das rechte Auge und die linke Wange grau grundieren und mit Glanzpuder in Silber zum Glänzen bringen. Das Auge vom Nasenrücken nach außen mit dem weiteren Schwamm schwarz übermalen. Dabei darauf achten, dass das Schwarz etwa ab der Mitte der Braue nach oben gezogen wird, um den „bösen Blick" zu erhalten.

2 Mit dem Pinsel die rote Pupille auf das Lid malen. Vorsicht, das Auge muss geschlossen bleiben, bis es trocken ist. Mit einem feinen Pinsel die Metallplatten und die Nieten in Schwarz malen.

3 Mit Weiß die Lichter auf die Metallplatten und Nieten setzen, mit Gelb den Stern auf das Lid (siehe Foto oben links). Rote Farbe als Blut ringsherum auftragen; an einigen Stellen das Blut herunterlaufend malen, dazu wie bei der Tropfentechnik den Pinsel im rechten Winkel zur Haut halten und aufdrücken.

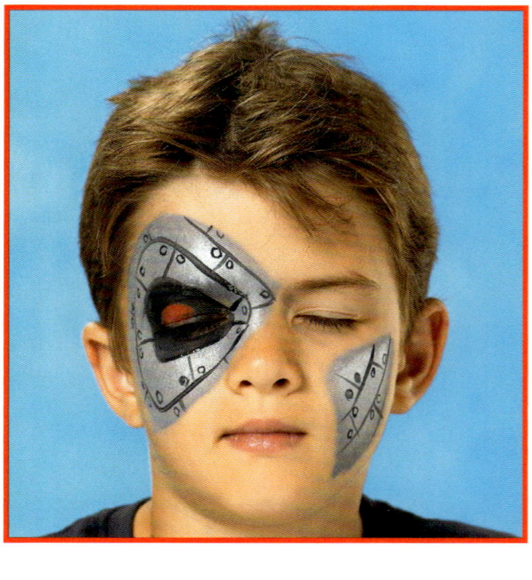

MATERIAL

Farben

- *Weiß*
- *Schwarz*
- *Rot*

VAMPIR

1 Mit Weiß das ganze Gesicht grundieren und mit silbernem Glanzpuder bestäuben. Den Haaransatz und die Augen mit dem Schwamm in Schwarz anlegen.

2 Mit Schwarz die Augenbrauen, Spinngewebe, Falten, Zähne und Lippen malen. Den Haaransatz nachziehen und mit Rot etwas Blut an die Zähne malen. Dazu wie bei der Tropfentechnik den Pinsel senkrecht aufsetzen und nach unten drücken.

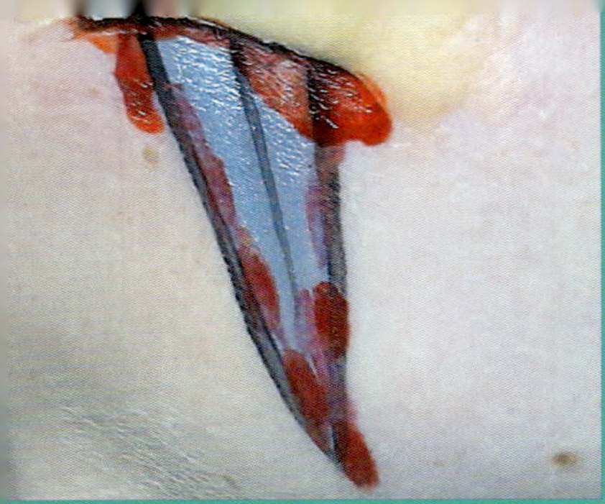

MATERIAL

Farben

- Grau
- Schwarz
- Blutrot
- Blau
- Violett
- Glanzpuder in Silber

Zusätzlich

- Hautwachs
- Puder
- Filmblut

TIPP

Alternativ kann auch rote Schminkfarbe genommen werden.

DOLCH IM KOPF

1 Wenig Hautwachs mit einem Modellierspatel entnehmen und auf dem eigenen Handballen weich kneten, bis es sämig ist und keine Bläschen mehr aufweist. Dann das Wachs mit einem leicht gefetteten Finger (z. B. mit Reinigungsmilch) auf dem Wangenknochen und auf der Stirn zur Wunde modellieren. Dies gelingt besser, wenn sich ein Knochen unter der Stelle befindet. Das Wachs mit Transparentpuder abpudern. Es fixiert das Wachs und ermöglicht das Überschminken.

2 Den Dolch mit der Schwammkante so schmal wie möglich in Grau vorzeichnen, trocknen lassen und viel Glanzpuder mit dem Rougepinsel auftragen. Den Dolch mit dem Pinsel schwarz umranden und mit blutroter Wasserschminke Blutstropfen an die Klingenspitze tupfen. In die Ein- und Austrittsstellen etwas schwarze Farbe und Filmblut geben (Achtung, Filmblut trocknet nicht an und ist nicht wischfest!). Das Auge mit dem Schwamm blau und violett schattieren.

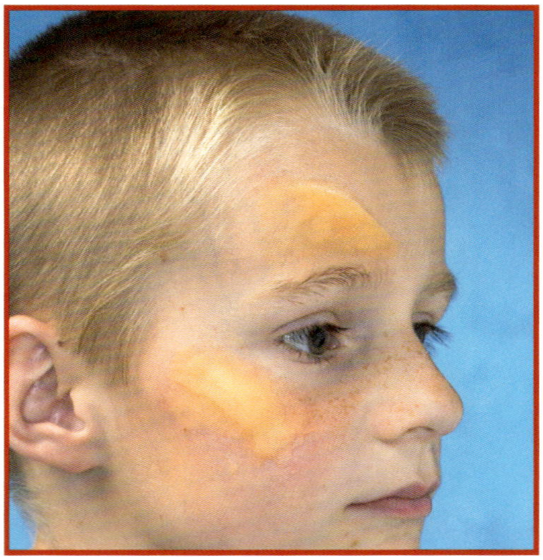

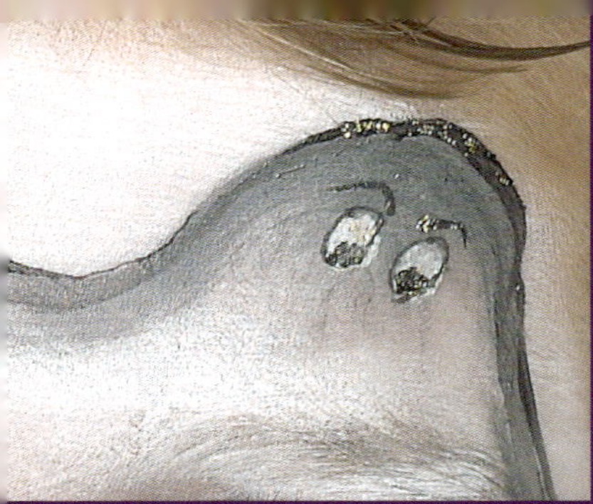

MATERIAL

Farben

- *Weiß*
- *Schwarz*
- *Grau*
- *Glimmer*

TANZ DER GESPENSTER

1 Das ganze Gesicht mit dem Schwamm weiß grundieren. Mit einem schwarzen Schwamm drei Gespensterkörper andeuten.

2 Die Augen der Gespenster als kleine weiße Ovale aufmalen, mit einem feinen Pinsel in Schwarz umranden. Pupillen und Augenbrauen aufzeichnen.

3 Die Lippen des Kindes grau färben. Wenig Glimmer auf die schwarzen Konturen und als Lichtpunkte auf die Augen der Gespenster geben.

TIPP

Störende Haare am besten mit der linken Hand zurückhalten. So spüren Sie außerdem jede Bewegung des Kindes.

Impressum

Autor & Autorinnen

Janja Großmann, Seiten 8/9, 16–19, 26–29, 38/39, 44/45, 54–57
René Reiche, Seiten 20/21, 30/31, 36/37, 48/49, 60/61
Bettina Wilberg, Seiten 10–15, 22–25, 32–35, 40–43, 46/47, 50–53, 58/59

Abbildungen

Peter Nielsen, Seiten 8–15, 18–61
René Reiche, Seiten 16/17

ISBN 978-3-8388-3297-5
Art.-Nr. CV3297

4. Auflage 2010

Lektorat: Irmgard Böhler, Wiesbaden
Layoutentwurf: Network!, München
Coverrealisierung: smp, Freiburg
Innenrealisierung: Arnold & Domnick, Leipzig
Druck: Himmer AG, Augsburg